NATUR IM PANORAMA

SUSAN UND PETER BARRETT

DER WALD BEI TAG UND NACHT

Illustrationen von
PETER BARRETT

Aus dem Englischen von
CHRISTA HOLTEI

PATMOS

NATUR IM PANORAMA

DER WALD BEI TAG

Bei Tag

NATUR IM PANORAMA

DER WALD BEI NACHT

Bei Nacht

Bei Tag

Wälder bedecken große Gebiete der nördlichen Erdhalbkugel. Die Waldgebiete beginnen südlich vom Eis der Polargebiete und der kalten Einöde der Tundra. Sie bieten vielen Tieren Nahrung und Schutz. Die Bäume, Pflanzen, Säugetiere, Vögel und anderen Tiere, die in den Wäldern Nordamerikas, Europas oder Nordasiens leben, sind einander sehr ähnlich.

▲ Baumarten
Die wichtigsten Baumarten sind Nadelhölzer (wie Tanne, Fichte, Kiefer), die ihre nadelförmigen Blätter das ganze Jahr über behalten, und Laubbäume (wie die Eiche), die ihre Blätter im Herbst verlieren.

◄ Wälder im Norden der Erdkugel
Die grünen Bereiche auf dieser Karte zeigen, dass sich Wälder wie ein Band über den ganzen Norden der Erde erstrecken.

◄ NADELWALD
Der Nadelwald besteht größtenteils aus hohen, dicht zusammenstehenden immergrünen Bäumen. Nur wenig Licht dringt zum Waldboden durch, aber viele Lebewesen finden hier Nahrung und Schutz: Säugetiere wie Hirschmaus und Rotfuchs oder Vögel wie Spechte und Truthühner.

◄ Abgestorbenes Holz, Pilze, Flechten Moose
Alle diese Pflanzen spielen eine wichtige Rolle in der Ökologie des Waldes. Abgestorbenes Holz wird von Insektenlarven zerfressen, Pilze sorgen dafür, dass es zu Humus zersetzt wird. Flechten und Moose bedecken große Teile der Stämme und Äste und bieten zahllosen winzigen Insekten und Larven Schutz.

▼ MISCHWALD

Manchmal wachsen in einem Wald sowohl Laubbäume als auch Nadelbäume. Solche Mischwälder bilden einen ganz besonderen Lebensraum.

▲ Zapfen, Blätter und Samen

Auf dem Bild sind oben Zweige von Tanne und Kiefer mit ihren Zapfen zu sehen, darunter Eiche und Ahorn mit Eicheln und Flügelfrüchten. Eicheln und die Samen der Ahornnüsschen werden von Tieren verbreitet. Entweder werden sie mit dem Kot ausgeschieden oder als Vorrat vergraben und nicht wieder ausgegraben. In beiden Fällen können Eicheln und Ahornnüsschen wurzeln und zu Bäumen heranwachsen.

▲ WALDRAND

Am Rand eines Waldes wird der Baumbestand spärlicher. Oft gibt es offene Lichtungen. Sie bieten eine ganz andere Art Lebensraum, der eine Fülle von Tieren anlockt.

◄ DICHTER WALD

In geschützten Tälern wachsen die Bäume oft sehr eng beieinander. Diese Gebiete des dichten Waldes sind besonders dunkel und haben wenig Unterholz.

◄ Unterholz, Farne und Blumen

Wenn Licht auf den Waldboden fallen kann, wachsen Büsche, Gräser und Blumen in der fruchtbaren Erde aus vermoderten Blättern und Rinde. Vom Nektar, den Beeren und Samen dieser Pflanzen ernähren sich viele Insekten, Vögel und kleine Säugetiere.

◄ Hirschmaus

Hirschmäuse leben in den USA. Sie ähneln unseren Waldmäusen und nisten in hohlen Baumstämmen und Erdlöchern, wo sie Nüsse und Samen horten.

◄ Eine Hirschmaus legt einen Samenvorrat an.

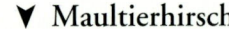

▼ Maultierhirsch

Diese großen Hirsche kommen nur in den dichten Wald, wenn sie Schutz vor Kälte suchen. Beim Kämpfen verkeilen die männlichen Tiere ihre Geweihe, verletzen sich aber nur sehr selten.

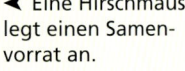

Bei Tag

Nadelwald

Dichte Nadelwälder erstrecken sich über riesige Gebiete der nördlichen Halbkugel. Weil Nadelhölzer ihre Nadeln niemals ganz verlieren, kann auf dem dunklen Waldboden kaum etwas wachsen. Von den Samenkörnern in den Zapfen ernähren sich jedoch viele Säugetiere und Vögel.

◄ Dunenspecht

Dieser Specht ist der kleinste und häufigste Buntspecht im nordamerikanischen Wald. Man sieht ihn auch in Parks und Gärten. Der männliche Specht hat einen Fleck aus roten Federn im Nacken.

➤ Einsiedlerdrossel

Dieser braun getupfte Vogel kann von allen nordamerikanischen Vögeln am schönsten singen. Im Winter ernährt er sich von Beeren und Knospen, im Sommer von Insekten auf dem Waldboden.

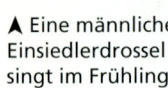

▲ Eine männliche Einsiedlerdrossel singt im Frühling.

◄ Rotfuchs

Füchse haben normalerweise fünf bis sechs Junge. Die Eltern bringen erlegte Tiere zum Bau, solange die Jungen klein sind. Später bekommen sie lebende Beutetiere und lernen sie zu erlegen, bis sie alt genug sind um selber auf Jagd zu gehen.

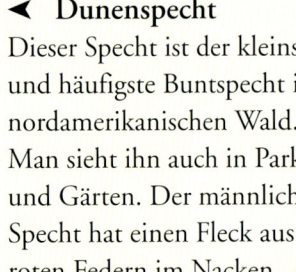

▼ Männliche Maultierhirsche kämpfen im Herbst.

Fuchseichhörnchen ▼

Eichhörnchen können grau, bräunlich, rostrot oder schwarz mit weißer Nase und Ohren sein. Sie verbringen viel Zeit damit, auf dem Boden nach Nahrungsvorräten zu suchen. Vergrabene Nüsse und Eicheln, die sie nicht wiederfinden, wachsen zu neuen Bäumen heran.

➤ Haubenschwarzspecht

Der Haubenschwarzspecht ist einer der größten amerikanischen Waldspechte. Er ist sehr selten und versteckt sich gut im dichten Wald. Wie alle Spechte hämmert er Löcher in die Baumrinde und sucht nach Insekten und Larven.

➤ Der weibliche Specht füttert die Jungen in einem Baumhöhlen-Nest.

◄ Silberhaar-Fledermaus

Dies ist eine sehr schöne Fledermaus, die einzelgängerisch lebt, manchmal jedoch auch in kleinen Gruppen anzutreffen ist. Tagsüber versteckt sie sich unter Rinde oder in Astlöchern oder sogar in Vogelnestern. Im Winter zieht sie nach Süden.

▼ Ein Blauhäher versteckt Eicheln unter Blättern.

▲ Truthuhn

Wilde Truthühner, die Vorfahren der Haus-Truthühner, leben in Nordamerika, normalerweise in lichtem Wald. Das männliche Tier kollert und stolziert mit ausgebreiteten Schwanzfedern vor dem Weibchen. Zu einem Truthahn gehören oft mehrere weibliche Tiere.

◄ Blauhäher

Obwohl die amerikanischen Blauhäher gerne in Eichenwäldern leben, sieht man sie auch in Nadelwäldern. Ihr scharfer Warnschrei ist sehr weit zu hören. Wie die Eichhörnchen vergessen sie oft ihre Eichelvorräte und verbreiten so Baumsamen im Wald.

◄ Waldbaumläufer

Diesen sehr scheuen Vogel sieht man nur selten, aber man kann ihn durch sein zartes Flöten ausfindig machen. Er nistet in den Wäldern Europas und Amerikas in Astlöchern, hinter loser Rinde oder in Rissen im Holz. Er klettert in einer Spirale den Baum hinauf und sucht nach Insekten unter der Rinde.

◄ Streifen-Backenhörnchen

Backenhörnchen kommen in allen Waldarten Nordamerikas vor. Sie graben Höhlen, in denen sie Samen und Nüsse horten. Ihr Futter befördern sie in Backentaschen. Obwohl sie gut klettern können, leben sie meistens auf dem Boden.

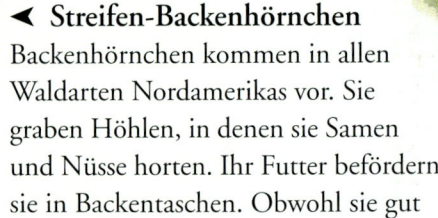

Bei Tag

Dichter Wald

In manchen Teilen des Waldes wachsen die Bäume so eng zusammen, dass sie ein Dickicht bilden. Es kann aus Nadelhölzern und Laubbäumen bestehen. Eine Fülle von Samen und Blüten geben den Waldtieren Nahrung. Viele Vogelarten leben hier und ernähren sich von Samen, Nüssen, Insekten und anderen Vögeln.

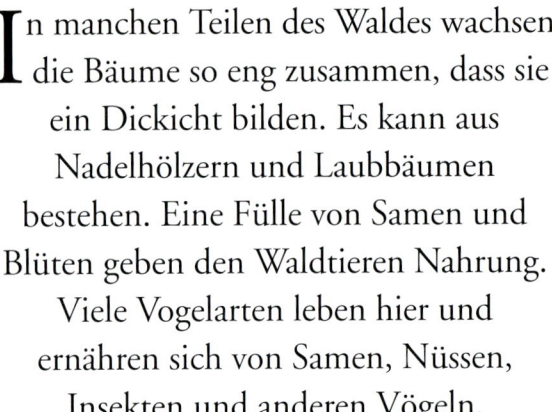

Schwarze Rattennatter ▼

Die schwarze Rattennatter kann bis zu 2 m lang werden. Diese Würgeschlange tötet ihre Opfer, indem sie sich eng um sie schlingt. Sie lebt in Amerika auf Bauernhöfen und im Wald und jagt tagsüber große Nagetiere.

➤ Eine schwarze Rattennatter erstickt ein Nagetier mit ihrem Körper.

➤ Carolinakleiber

Dies ist einer der häufigsten amerikanischen Kleiber. Mit seinem kurzen Schwanz läuft er auf der Suche nach Insekten wie ein Akrobat an Bäumen hinauf und hinunter. Er frisst auch Nüsse, indem er sie mit seinem kräftigen Schnabel aufhackt.

◄ **Sägekauz**

Der Sägekauz lebt in den Wäldern Nordamerikas. Er schläft tagsüber in Astlöchern und dichtem Laub. Sein krächzender Ruf, den man während der Brutzeit hören kann, ähnelt einer Säge, die gerade geschärft wird.

▼ **Fichtenzeisig**

Diese nordamerikanischen Finken fressen Samen von Nadelhölzern, Erlen und Linden. Ihr Nest besteht aus Rinde, Zweigen und Federn und ist in Nadelbäumen versteckt.

▼ Fichtenzeisige sieht man meistens in kleinen Gruppen.

◄ **Eckschwanzsperber**

Diese kleinen amerikanischen Sperber mit abgerundeten Flügeln und langem Schwanz fliegen sehr schnell und sind ausgezeichnete Jäger. Sie überfallen ihre Beute – hauptsächlich Vögel – plötzlich aus dem Hinterhalt und durchbohren sie mit ihren langen, scharfen Krallen.

◄ Ein Eckschwanzsperber fängt einen Streifen-Waldsänger in seinen tödlichen Krallen.

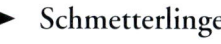

▲ Eine Hummel in ihrem unterirdischen Nest.

▲ **Hummel**

Hummeln sammeln Nektar aus den Waldblumen. Sie befruchten Blüten und können stechen wie die Honigbienen. Ihre Nester sind sehr klein. In den Wachszellen sind Larven und Puppen, die von den Arbeiterinnen versorgt werden.

➤ **Schmetterlinge**

Schmetterlinge ernähren sich von Waldblumen, besonders von Disteln und Flockenblumen am Waldrand. Auf dem Bild sind der große, gelb-schwarze Tiger-Schwalbenschwanz (oben und unten) und ein Braunfleckiger Perlmutterfalter (Mitte) zu sehen.

Meisenwaldsänger ▼

Dieser winzige Waldsänger ist nur 11 cm groß. Er lebt in den USA im feuchten Nadelwald und legt vier bis fünf braun getupfte weiße Eier in sein Nest, das er in oder hinter Bartflechten oder Spanischem Moos baut.

◄ Schmetterlinge ernähren sich von Blütennektar.

➤ **Zaunkönig**

Der winzige Zaunkönig klettert durch dichte Büsche und abgefallene Zweige auf dem Waldboden. Sein kuppelförmiges Nest aus Stöckchen und Moos hat einen seitlichen Eingang und liegt gut versteckt hinter Rinde oder in Astlöchern und Wurzeln.

➤ **Raupen**

Im Wald gibt es viele Raupen. Sie sind Nahrung für Vögel, Fledermäuse und kleine Säugetiere. Manche haben eine gute Tarnfärbung, andere haben einschüchternde Farben oder »Augenpunkte«, um Räuber abzuschrecken.

➤ **Seidenschwanz**

Diese seltenen Besucher in den Wäldern des Nordens kommen in Scharen und fressen Beeren. Sie haben ihren Namen wegen ihrer seidig glänzenden Federn, die einen auffälligen roten Punkt auf ihren Flügeln formen.

▼ Diese Seidenschwänze fressen Wacholderbeeren.

Bei Tag

Mischwald

Wenn zwischen den Nadelbäumen Laubbäume wachsen, ist das Blätterdach weniger dicht und mehr Licht kann auf den Waldboden fallen. Hier gibt es mehr Blumen und auch eine größere Vielfalt an Samen und Insekten, die viele Vogelarten anlocken.

➤ **Fichtenmarder**

Marder gehören zur Familie der Wiesel. Ihr Bau befindet sich in hohlen Bäumen. Marder verfolgen Beutetiere wie Eichhörnchen bis in die Baumwipfel. Sie haben scharfe Krallen und einen langen Schwanz, um das Gleichgewicht zu halten. Sie jagen auch auf dem Boden.

▼ Dieser Marder hat ein Vogelnest gefunden und wird die Eier fressen.

▼ **Schwarzkehl-Nachtschwalbe**

Diese nordamerikanische Nachtschwalbenart sucht ihre Nahrung bei Nacht. Tagsüber ruht sie sich gut getarnt auf dem Waldboden aus. Die Küken sind genauso gut versteckt und bewegen sich nicht, bis sie nachts gefüttert werden.

➤ Weißwedelhirsch

Die im Frühling geborenen Kitze können sofort laufen, bleiben aber gut versteckt liegen, während ihre Mutter Nahrung sucht. Jede Bewegung würde sie zu leichter Beute für Füchse, Wölfe oder Bären machen.

➤ Die Kitze sind durch die weißen Tupfen auf ihrem Fell getarnt.

➤ Waldohreule

Die Waldohreule ist ein Nachttier. Aber wenn sie tagsüber schläft, ist sie an Tannenstämmen so gut getarnt, dass sie fast unsichtbar ist. Obwohl man sie selten sieht, gibt es in europäischen und nordameri-kanischen Wäldern überraschend viele Waldohreulen.

▼ Gottesanbeterin

Gottesanbeterinnen gibt es in vielen Lebensräumen und auch im Wald. Sie warten absolut bewegungslos und gut getarnt in niedrigen Büschen und Gräsern. Wenn ein Beutetier in Reichweite kommt, schnellen sie ihre langen, stacheligen Vor-derbeine vor und durch-bohren ihr Opfer.

▼ Fichtenwaldsänger

Dieser nordamerikanische Wald-sänger nistet bis zu 25 m über dem Waldboden. Er bleibt in den oberen Zweigen und ernährt sich von Insekten und Beeren. Im Winter ziehen diese Vögel nach Südamerika.

➤ Ein Waldsänger-Weibchen füttert die Jungen mit Raupen.

▲ Ein männliches Schneehuhn stellt seine Schwanzfedern zur Schau.

◄ Kanadisches Schneehuhn

Das männliche Schneehuhn fächert vor einem Weibchen seine Schwanzfedern auf. Dabei flattert es in die Höhe und stellt die roten Kämme über seinen Augen auf. Da Schneehühner sehr zahm sind, kann man sich ihnen leicht nähern.

◀ Kiefernwühlmaus

Wühlmäuse sind kleine Nagetiere und nahe mit den Mäusen verwandt, aber tagsüber aktiver. Die Kiefernwühlmaus verbringt die meiste Zeit in Erdtunneln und Blätterhaufen. Sie frisst Wurzeln, Samen, Blätter und Pflanzenstängel und legt unterirdische Vorräte für Notzeiten an.

➤ Käfer

Die Larven vieler Käferarten spielen eine wichtige Rolle bei der Verwandlung von abgestorbenem Holz in Erde. Große Larven bohren sich durch die Stämme umgestürzter Bäume, während die kleineren nur die Rinde untertunneln.

◀▼ Purpurgimpel

Die Männchen dieses nordamerikanischen Gimpels sind rosenrot, die Farbe der Weibchen ist ein gestreiftes, mattes Braun. Sie fressen Samen in Vorortgärten und in Wäldern und ziehen im Frühling nach Norden.

Bei Tag

Waldrand

An Waldrändern wachsen weniger Nadelhölzer. Bäche fließen durch Bestände von Erlen, Birken oder Espen, die im nassen Boden am Ufer wachsen. Es gibt viel mehr Blumen, die Schmetterlinge und Vögel vom offenen Land hinter dem Wald anlocken.

➤ Biber

Die Arbeit der Biber hat wichtige Auswirkungen auf die Landschaft. Mit ihren scharfen Zähnen fällen sie kleine Bäume als Nahrung und um Dämme zu bauen, in denen sie in Biberburgen leben. Die Dämme können ein paar hundert Meter lang sein. So legen sie im Wald große Teiche und Lichtungen an.

▼ Geschäftige Biber bei der Arbeit.

Schwarzbär ➤

Bären sind nachts aktiver als tagsüber. Sie fressen fast alles: Insekten, Früchte, Blätter, Wurzeln, Rinde, Fleisch und Fisch. Als gute Schwimmer fangen sie viele verschiedene Fischarten. Lachs ist ihre Lieblingsspeise.

Otter ➤

Otter leben lieber in Seen und
Flüssen am Waldrand als im
tiefen Wald. Sie sind tagsüber
aktiv, wenn sie nicht gestört
werden. Die Jungen werden
im Bau am Flussufer ge-
boren und von ihrer
Mutter in den ersten acht
Monaten ihres Lebens
versorgt.

◄ Käferlarven
in ihren
Tunneln.

◄ Der Eingang
zum Bau kann
über oder
unter Wasser
sein.

▲ Florida-Waldkaninchen

Diese nordamerikanischen Kaninchen sind tag- und nachtaktiv. Nur
nachmittags ruhen sie sich versteckt in dichtem Gebüsch oder in
ihrem Bau aus. Die Jungen werden
morgens und abends von ihrer
Mutter gesäugt und verstecken sich
lautlos im Unterholz, während
diese Nahrung sucht.

➤ Breitflügelbussard

Breite, runde Flügel und ein
langer Schwanz machen diesen
Bussard zu einem Luftakrobaten,
wenn er auf der Jagd nach Beute
durch die Bäumwipfel flitzt. Er jagt
Mäuse, Frösche und Schlangen,
indem er sich plötzlich aus seinem
Versteck auf sie stürzt.

◄ Ein Nagetier
ist die nächste
Mahlzeit für die
Bussardküken.

▲ Elch

Elche sind sehr große Hirsche.
Die männlichen Tiere haben
riesige, breite Geweihe, die im
April wachsen und im Winter
abgeworfen werden. Sie fressen
Pflanzen aus Flüssen und Seen,
deren Wasser sie auch vor Stech-
mücken schützt. Sie können
launisch sein und manchmal
auch gefährlich.

Bei Tag

BESCHREIBUNG DER AUSKLAPPTAFELN

Wenn ihr wissen wollt, wie die Tiere auf den
Ausklapptafeln (Seite 8–11) heißen, findet ihr sie hier
unter ihrer Nummer. Manche wurden bereits auf den
Seiten 12–19 näher beschrieben und sind fett gedruckt.
Weitere Tiere in dieser Liste sind ebenfalls tagsüber im
Wald zu sehen und werden hier kurz beschrieben.

Raupe (36)

1 **Silberhaar-Fledermaus**
2 **Haubenschwarzspecht**
3 **Maultierhirsch**
4 **Dunenspecht**
5 **Rotfuchs**
6 **Einsiedlerdrossel**
7 **Hirschmaus**
8 **Wildtruthuhn**
9 **Fuchseichhörnchen**
10 **Blauhäher**

Biber (44)

11 Hakengimpel
  Dieser nordamerikanische
  Finkenvogel frisst Beeren und
  Knospen.
  Die männlichen erwachsenen
  Tiere sind bunt gefärbt.
12 **Fichtenzeisig**
13 **Eckschwanzsperber**
14 **Schwarze Rattennatter**
15 **Streifen-Backenhörnchen**

16 Hummel

17 Braunfleckiger
Perlmutterfalter

18 Tiger-Schwalbenschwanz

19 Meisenwaldsänger

20 Waldbaumläufer

21 Carolinakleiber

22 Sägekauz

23 Waldohreule

24 Fichtenwaldsänger

28 Gottesanbeterin

29 Zaunkönig

30 Schwarzkehl-Nachtschwalbe

31 Kanadisches Schneehuhn

32 Fichtenmarder

33 Faulbaum-Bläuling
Er ist noch ein Beispiel für
einen blauen Schmetterling
in den Wäldern
des Nordens.

38 Waschbär
Dieses Tier schläft
tagsüber zum Beispiel
in hohlen Baum-
stämmen (s. S. 32).

39 Kiefernwühlmaus

40 Florida-Waldkaninchen

41 Elch

42 Purpurgimpel

43 Breitflügelbussard

Silberhaar-Fledermaus (1)

25 Weißwedelhirsch

26 Schwalbenschwanz
Es gibt mehrere hundert Arten
dieser Schmetterlinge. Sie
können sehr schön und oft
auch sehr groß sein.

27 Bläuling
Die mehreren hundert Bläu-
lingsarten fallen wegen ihrer
strahlend blauen Farbe auf.

34 Hudsonmeise
Dieser Vogel mit dem braunen
Kopf lebt in den USA und
gehört zu einer von sieben
Schwanzmeisenarten. Er baut
sein Nest in Astlöchern.

35 Seidenschwanz

36 Raupe

37 Schwarzbär

44 Biber

45 Otter

46 Käfer

Breitflügelbussard (43)

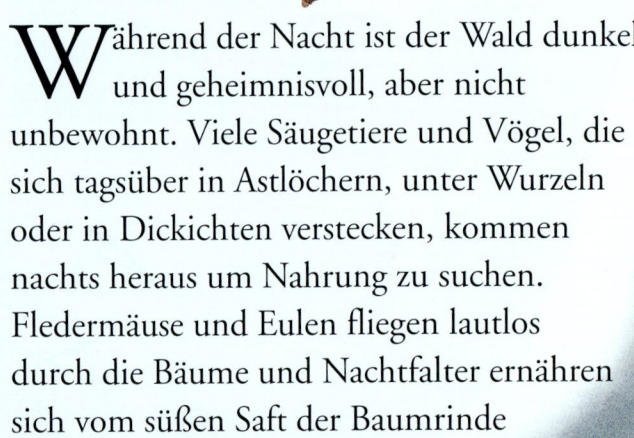

Bei Nacht

Während der Nacht ist der Wald dunkel und geheimnisvoll, aber nicht unbewohnt. Viele Säugetiere und Vögel, die sich tagsüber in Astlöchern, unter Wurzeln oder in Dickichten verstecken, kommen nachts heraus um Nahrung zu suchen. Fledermäuse und Eulen fliegen lautlos durch die Bäume und Nachtfalter ernähren sich vom süßen Saft der Baumrinde und vom Nektar der Blumen.

▲ Bestäubung bei Tag und bei Nacht

Blumen müssen bestäubt werden um Früchte zu bilden. Vögel spielen eine wichtige Rolle dabei. Während sie tagsüber nach Insekten suchen, bleiben an ihrem Gefieder zufällig Pollen haften und werden so verbreitet. Während der Nacht fressen Falter und andere Insekten Pollen und Nektar.

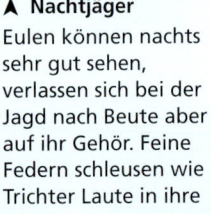

▲ Nachtjäger

Eulen können nachts sehr gut sehen, verlassen sich bei der Jagd nach Beute aber auf ihr Gehör. Feine Federn schleusen wie Trichter Laute in ihre Ohren.

▲ NADELWALD

Hier wachsen weniger Büsche und Blumen, weil nur wenig Licht bis zum Waldboden dringt.

◄ DICHTER WALD

Der dichte Wald ist nachts besonders dunkel. Die Bäume wachsen eng beieinander und machen die Jagd nach Beute schwierig.

◄ MISCHWALD

In diesem Teil des Waldes sind nachts andere Tiere aktiv als tagsüber, aber trotzdem ist er voller Leben und Geräusche.

▼ Im Dunkeln sehen

Viele Nachttiere und Vögel haben ihre Augen der Dunkelheit angepasst. Die meisten, wie der Luchs unten auf dem Bild, können ihre Pupillen weiten, um möglichst viel Licht einzufangen, wenn es dunkel wird. Tagsüber sind die Pupillen nur schmale Schlitze, nachts füllen sie fast das ganze Auge aus.

Bei Tag   *Bei Nacht*

▼ WALDRAND

Hier stehen weniger Bäume in größeren Abständen. Sogar nachts kann Mondlicht durch das Blätterdach dringen.

▲ Echo-Ortung

Mit Echo-Ortung erkennen Fledermäuse im Dunkeln Hindernisse oder Beutetiere. Sie senden eine Serie von hohen Tönen aus und nehmen das Echo auf, das zurückgeworfen wird.

◄ Wohnen im Baum

Waldtieren bietet der Wald viel Schutz; Spechte hämmern Löcher in Baumstämme, Höhlen können in vermodernde Stämmen gegraben werden. Manche kleinen Tiere leben zwischen den verschlungenen Wurzeln der Bäume.

◄ **Silberhaar-Fledermaus**

Die silbernen Haarspitzen auf dem schwarzen Fell dieser Fledermaus sehen aus wie Puderzucker. Am frühen Abend kann man das Tier schon an Bachufern und Flüssen sehen. Es frisst Insekten, besonders Motten und Fliegen.

▲ **Rotfuchs**

Der Rotfuchs hat ein sehr gutes Gehör, das ihm bei der nächtlichen Jagd im Nadelwald hilft. Er fängt Nagetiere, indem er aufmerksam lauscht, hoch in die Luft springt und mit seinen Vorderfüßen auf dem Beutetier landet.

Bei Nacht

Nadelwald

Im Nadelwald ist es nachts dunkel und still – bis auf die Rufe der nach Beute jagenden Eulen. Die Tiere, die sich tagsüber im Blätterdach, in Astlöchern oder Wurzeln versteckt haben, suchen im Schutz der Dunkelheit nach Nahrung.

▼ **Das Muttertier**
nimmt die kleinen Skunks in den ersten Lebensmonaten überallhin mit. Sie lernen von ihr, was man fressen kann.

Streifenskunk ►

Die breiten schwarz-weißen Streifen des nordamerikanischen Stinktiers warnen jeden, es zu stören. Ein verärgerter Skunk knurrt laut und stellt sich wie bei einem Handstand auf seine Vorderfüße. In Notfällen besprüht er seine Feinde aus einer Drüse unter dem Schwanz mit einer noch lange stinkenden Flüssigkeit.

◄ **Weißwedelhirsch**
Bei Gefahr stellen diese Tiere ihre Schwänze wie Flaggen hoch und warnen damit auch die anderen Hirsche. In ungestörten Gebieten sieht man sie auch bei Tag, aber Nahrung suchen sie nachts. Im Morgengrauen verstecken sie sich im dichten Unterholz.

▲ **Langschwanzwiesel**
Wiesel sind gefürchtete Räuber und töten sogar viel größere Tiere. Sie stellen sich oft auf die Hinterbeine, um über das Unterholz hinweg nach Nahrung oder Gefahren Ausschau zu halten. Hoch im Norden bekommen sie im Winter ein weißes Fell.

▲ **Streifenkauz**
Diese Eule lebt in feuchten Wäldern Nordamerikas. Nachts kommt sie aus ihrem Versteck im Dickicht und jagt Nagetiere, Vögel, Frösche und Flusskrebse. Sie hat einen lauten, rhythmischen Schrei. Für Eulen ungewöhnlich sind ihre dunklen Augen.

► **Wasserpfeifer**
Dieser winzige Baumfrosch ist erwachsen nur ein paar Zentimeter groß. Im Osten der USA ist er weit verbreitet. Seine Farbe kann von grau zu braun oder grün wechseln. Er quakt laut und musikalisch, manchmal singen die männlichen Tiere auch im Chor.

► Wasserpfeifer sind leicht genug für einen Grashalm!

➤ Zwergfledermaus

Diese kleine Fledermaus beginnt schon abends mit der Suche nach Insekten, die sie mit Echo-Ortung findet. Wie alle Fledermäuse formt sie sich ein Bild ihrer Umgebung durch das Echo ihrer hohen Töne, das von Hindernissen zurückgeworfen wird.

➤ Nachtfalter

Nachts suchen viele Arten von Motten und Faltern nach Nahrung. Viele sind gut getarnt (oben und rechts unten). Manche haben Augenmuster auf ihren unteren Flügeln (links unten), die sie aufblitzen lassen können, um Räuber zu verscheuchen. Tabakschwärmer (unten) sind sehr bunt und fressen Blumennektar.

Bei Nacht

Dichter Wald

Nachts suchen Falter und Fledermäuse nach Insekten und Eulen jagen Nagetiere, die auf Futtersuche sind. Große Tiere wie Bären kann man eher hören als sehen, wenn sie auf der Suche nach Nahrung durch den Wald streifen.

➤ Diese jungen Bären finden heraus, was ihnen schmeckt.

◀ Schwarzbär

Das Fell des Schwarzbären kann von Hellbraun bis Schwarz gefärbt sein. Nachts ist der Allesfresser eher aktiv als tagsüber. Auf dem Bild sieht man einen Bären (ganz links) in einem Baumstumpf nach Larven suchen, während ein anderer Bär (rechts) die roten Beeren der Eberesche frisst.

Hirschmaus ▲

Hirschmäuse sind nachts sehr aktiv. Sie schlafen in kleinen Höhlen im Boden und polstern ihr Nest mit weichen Gräsern. Sie können acht Junge bekommen und bis zu vier Familien pro Jahr haben.

▲ Eine Eule füttert ihre Jungen.

▲ Waldohreule

Diese Eule lebt in dichten Nadelwäldern Europas, Eurasiens und Nordamerikas. Sie jagt nur nachts nach den vielen Arten von Nagetieren auf dem Waldboden. Sie fliegt lautlos und verrät sich nur durch ihre Rufe – eine Mischung aus leisem Schreien, Jaulen und Miauen.

▲ Sägekauz

Diese kleine Eule ist nur 20 cm groß. Sie ist fast ausschließlich ein Nachttier, fliegt aber auch tagsüber auf der Suche nach kleinen Nagetieren über den Waldboden. Sie hat flaumige Federn, weshalb sie fast lautlos fliegen kann.

Grauer Laubfrosch ▼

Dieser Frosch hat seinen Namen wegen seiner graubraunen Farbe. Sie tarnt ihn gut, wenn er auf Zweigen oder Baumstämmen sitzt. Im Hochsommer kann man ihn nahe am Wasser in den Wäldern quaken hören.

► Die Kaulquappen des Grauen Laubfroschs sind golden mit roten Schwanz.

➤ Nachtfalter

Diese Falter sitzen tagsüber gut getarnt auf Pflanzen. Nachts ernähren sie sich von Nektar und dem Saft der Rinde. Viele haben wie die Hausmutter (rechts) bunt gefärbte Unterflügel. Sie blitzen beim Flug auf und verwirren Angreifer sehr. Die Unterflügel haben auch ein besonderes Hörorgan, das die hohen Töne der Fledermäuse auffängt. Durch unregelmäßiges Hin- und Herfliegen entkommen die Falter.

➤ Kleine Braune Fledermaus

Diese Fledermaus fängt gerade eine Motte mit der Flughaut am Schwanz. Sie verbringt die Sommertage in alten Gebäuden oder Bäumen und hält Winterschlaf in Höhlen.

▼ Diese kleine Braune Fledermaus hat eine Motte gefangen.

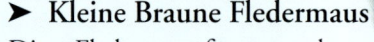

Bei Nacht

Mischwald

D ie Rufe von Eulen und Ziegenmelkern durchbrechen nachts die Stille des Waldes und das Heulen der Wölfe und Kojoten hallt zwischen den Bäumen wider. Besonders abends jagen die Fledermäuse nach Beute, aber ihre hohen Laute können Menschen normalerweise nicht hören.

➤ Ein Waschbär sucht am Flussufer nach Nahrung.

◄ Waschbär

Waschbären sind Nachttiere und Einzelgänger, tagsüber schlafen sie in Baumhöhlen oder hohlen Stämmen. Mit Wasser erhöhen sie den Tastsinn ihrer Pfoten, waschen aber nicht ihr Futter damit, wie man früher dachte. Auf der Suche nach Krebsen, Fischen und Schildkröten drehen sie in Flüssen jeden Stein um.

▲ Schwarzkehl-Nachtschwalbe

Diese amerikanische Ziegenmelkerart fliegt nachts auf der Suche nach Insekten leise auf die Jagd. Ihr Schnabel kann sich sehr weit öffnen und ist mit steifen Härchen umrandet. Sie bilden eine Art Netz als Falle für Insekten.

▼ Kojote

In der Dämmerung rufen Kojoten sich mit ihrem Heulen gegenseitig zur Jagd auf und bleiben so auch die ganze Nacht in Kontakt miteinander. Sie gehören zur Familie der Hunde und sind kleine Wölfe, obwohl sie eher nicht in großen Rudeln leben. Manchmal jagen sie in Paaren. Sie fressen fast alles, sogar Aas und große Tiere wie Hirsche.

▼ Wildtruthuhn

Truthühner schlafen nachts auf Bäumen, zum größeren Schutz oft über dem Wasser. Sie sind die größten amerikanischen Wildvögel und erreichen eine Länge von 120 cm. Tagsüber suchen sie in kleinen Gruppen auf dem Waldboden nach Samen und Insekten.

▼ Tabakschwärmer

Es gibt viele Schwärmerarten. Sie sind normalerweise groß und haben oft bunte Unterflügel. Beim Fressen schwirren sie wie Kolibris vor den Pflanzen und stecken ihre langen Rüssel in die Blüten, um Nektar zu finden.

◄ Luchs

Der Luchs lebt normalerweise in kälteren und öderen Gebieten im Norden, aber man sieht ihn auch im Wald. Diese kräftige Wildkatze jagt Hasen und Kaninchen. Sie schläft tagsüber und sucht nachts nach Beute.

➤ Diese Tabakschwärmer fliegen auf Trompetenblumen zu.

◄ Östlicher Schaufelfuß
Die Haut dieser nordamerikanischen Krötenart ist weicher als die warzige Haut der Gartenkröten. Aber sie haben harte Hornpolster auf ihren großen Hinterfüßen. Damit können sie wie mit einer Schaufel unterirdische Höhlen graben, in denen sie oft monatelang bleiben. Ihre Pupillen können sich wie bei Katzen im Dunkeln weiten. Sie gehören zur Familie der Frösche.

Bei Nacht

Waldrand

Wenn es dunkel wird, kommen viele Lebewesen aus ihren Verstecken. Manche, wie Mäuse, Frösche und Kröten, sieht man tagsüber kaum. Die Tiere kommen vom Waldrand in den Schutz der Bäume, um nach Nahrung zu suchen.

▲ Weißfußmaus
Mäuse sind die häufigsten Tiere im Wald. Sie sind das ganze Jahr über tag- und nachtaktiv. Sie fressen Samen, Nüsse, Früchte und Insekten und sind selbst Nahrung für viele größere Waldtiere und Vögel.

➤ Dieses Stachelschwein wehrt sich gegen einen neugierigen Waschbären.

➤ Baumstachelschwein
Die nordamerikanischen Stachelschweine sind einzelgängerische Nachttiere. Sie können sehr gut klettern und fressen Blätter, Zweige und Rinde der Waldbäume. Wenn sie zum Kampf gezwungen werden, richten sie ihre scharfen Stacheln auf und greifen rückwärts ihren Feind an. Die Stacheln haben Widerhaken und sitzen sehr fest.

◄ Ein Marder jagt
ein Eichhörnchen
auf einem
Kiefernzweig.

◄ Fichtenmarder

Marder sind tag- und nachtaktiv und
suchen auf Ästen und Zweigen nach
ihrer Beute. Sie jagen Eichhörnchen
und Vögel in den Baumkronen und
fangen sie mit Leichtigkeit. Sie fressen
auch Vogeleier, Kaninchen, Mäuse
und sogar Früchte und Nüsse.

▼ Virginia-Uhu

Wenn er bedroht wird, duckt sich
dieser große nordamerikanische Uhu
auf einen Ast, breitet die Flügel aus
und plustert sich gefährlich auf. Er ist ein gefürchteter
Jäger und stürzt sich so schnell und
lautlos auf seine Beute, dass sie nicht
entkommen kann.

▲ Weißgraue Fledermaus

Diese große Fledermaus hängt
tagsüber versteckt in immergrünen Bäumen. Spät abends
zeigt sie sich, aber man sieht
sie selten. Sie ist einzelgängerisch und ernährt sich von
Nachtfaltern. Diese Art zieht
im Winter nach Süden.

► Otter

Otter jagen tagsüber
und nachts. Sie sind
wunderbare Schwimmer und
können mehrere Minuten
unter Wasser bleiben. Sie
fangen verschiedene Fischarten,
mögen aber besonders gerne
Aale, die sie zum Fressen ans
Ufer tragen.

Bei Nacht

BESCHREIBUNG DER AUSKLAPPTAFELN

Wenn ihr herausfinden wollt, wie die Tiere auf den
Ausklapptafeln (Seite 24–27) heißen, könnt ihr sie
hier unter ihrer Nummer finden.

Kleine Braune Fledermaus (24)

Waschbär (21)

Grauer Laubfrosch (12)

1 Silberhaar-Fledermaus

2 Weißwedelhirsch

3 Streifenskunk

4 Langschwanzwiesel

5 Wasserpfeifer

6 Rotfuchs

7 Streifenkauz

8 Zwergfledermaus

17 Wildtruthuhn

18 Luchs

19 Rotes Ordensband

20 Tabakschwärmer (s. 13)

21 Waschbär

22 Kojote

23 Schwarzkehl-Nachtschwalbe

24 Kleine Braune Fledermaus

Tabakschwärmer (20)

9 Waldohreule

10 Schwarzbär

11 Hirschmaus

12 Grauer Laubfrosch

13 Tabakschwärmer (s. 20)

14 Hausmutter

15 Wurzelspinner

16 Sägekauz

25 Fichtenmarder

26 Östlicher Schaufelfuß

27 Virginia-Uhu

28 Baumstachelschwein

29 Weißgraue Fledermaus

30 Otter

31 Weißfußmaus

Wildtruthuhn (17)

NATUR IM PANORAMA

DER WALD BEI TAG UND NACHT

WÖRTERVERZEICHNIS